날씨 이야기

글·그림 브리타 테콘트럽 (Britta Teckentrup)

성 마틴 예술학교에서 일러스트레이션을 공부한 뒤, 영국 런던왕실예술학교에 들어갔습니다. 지금은 독일 베를린에서 어린이를 위한 그림책을 만들고 있습니다. 주요 작품으로는 『사계절』『미용실에 간 사자』『파티에 간 사자』『누구지 누구?』『나 집에 갈래』『여우 나무』 등이 있습니다.

옮김 이명아

어린이도서연구회에서 활동하면서 어린이 ·청소년 책의 즐거움에 흠뻑 빠져 있습니다. 어린이들에게 책을 읽어 주고, 학부모와 교사들을 만나 어린이 책과 교육에 관해 강의하며 그 즐거움을 나누고 있습니다. 『아스트리드 린드그렌』『크리스티네 뇌스틀링거』『학교 참 멋지다』『참교육자 마리아 몬테소리』『굿 라이프』『반짝이고양이와 꼬랑내생쥐』 등의 책을 우리말로 옮겼습니다

ALLE WETTER by Britta Teckentrup
© 2015 Verlagshaus Jacoby & Stuart GmbH, Berlin
Korean Translation Copyright © 2017 by Book Bank
All rights reserved.
The Korean language edition is published by arrangement with
Verlagshaus Jacoby & Stuart GmbH through MOMO Agency, Seoul.

이 책의 한국어 판 저작권은 모모 에이전시를 통해 Verlagshaus Jacoby & Stuart GmbH 사와의 독점 계약으로 도서출판 북뱅크에 있습니다.
저작권법에 의하여 한국 내에서 보호를 받는 저작물이므로 무단전재와 무단복제를 금합니다.

날씨 이야기

브리타 테콘트럽 글·그림 이명아 옮김
1판 1쇄 발행 | 2017년 6월 15일　|　1판 5쇄 발행 | 2024년 2월 28일
펴낸이 | 최용선　펴낸곳 | 도서출판 북뱅크
등록 | 1999년 5월 3일(제 1999-6호)
주소 | 인천광역시 부평구 백범로 478(십정 2동, 종근당빌딩 501호)
전화 | (032)434-0174 / 441-0174　팩스 | (032)434-0175
이메일 | bookbankbb@naver.com
페이스북 | https://www.facebook.com/bookbankbooks
인스타그램 | @bookbank_books
ISBN 978-89-6635-068-1 77850

이 도서의 국립중앙도서관 출판시도서목록(CIP)은
서지정보유통지원시스템 홈페이지(http://seoji.nl.go.kr)와
국가자료공동목록시스템(http://www.nl.go.kr/kolisnet)에서 이용하실 수 있습니다.
(CIP 제어번호 : CIP2017010697)

품명: 아동도서　**제조년월**: 2024년 2월 28일
사용연령: 4세 이상　**제조자명**: 도서출판 북뱅크
제조국: 대한민국　**연락처**: (032)434-0174
주소: 21453 인천 부평구 백범로 478 501호
주의사항: 종이에 베이거나 긁히지 않도록 주의하세요.
책 모서리가 날카로우니 던지거나 떨어뜨리지 마세요.
KC마크는 이 제품이 공통안전기준에 적합하였음을 의미합니다.

날씨 이야기

브리타 테큰트럽 글·그림 | 이명아 옮김

북뱅크

머리말

우리는 날씨의 영향을 많이 받아요. 날씨가 맑고 쾌청하면 덩달아 기분도 밝아지고, 비가 오거나 흐리면 왠지 가라앉거나 우울해지기도 하지요. 옷차림이나 식단, 나들이 같은 일상생활도 날씨의 영향을 많이 받고요. 그러다 보니 그날의 날씨를 알려 주는 일기 예보가 중요할 수밖에 없어요. 그래서 일기예보는 어떤 뉴스든 빠지지 않고 나오고, 사람들이 인터넷에서 가장 많이 찾는 곳 가운데 하나가 날씨 관련 홈페이지입니다.

예전에는 날씨가 훨씬 더 중요했어요. 주로 농사를 짓거나 물고기를 잡아 생활했기 때문에 날씨의 영향을 크게 받을 수밖에 없었지요. 농부들은 날씨를 짐작하게 해 주는 규칙들을 알았고, 어부들은 언제 폭풍우가 몰려올지 주의를 기울일 수 있었으며, 사냥꾼들은 동물들의 행동을 보고 날씨를 내다보는 법을 알았어요.

날씨는 지구 구석구석 달라요. 해변과 평지, 산지가 다르고, 극지 근처와 적도 근처가 다르지요. 날씨는 한 해의 흐름 속에서 변하고, 사람들은 저마다 날씨를 조금씩 다르게 느끼죠. 어떤 이들은 시원한 날씨를 좋아하고, 또 어떤 이들은 따뜻한 날씨를 더 좋아해요. 사람들이 가끔씩 간절히 그리워하는 게 너무나 파괴적인 힘을 휘두르는 악천후일지도 몰라요. 뙤약볕이 내리쬐는 한여름에 세상을 시원하게 씻어 내릴 폭우를 기다리는 것처럼요. 이는 살갗에 머무는 따뜻한 햇볕이나 얼굴로 불어오는 시원한 바람을 애타게 바라는 것과도 같아요.

오래전 다신교도들은 바람과 날씨, 햇빛과 달빛을 신성하게 여겼고, 천둥 번개는 최고의 신들이 자기 존재를 드러내는 것이라고 믿었어요. 기독교인들의 경우는 날씨를 관장하는 성자들이 다신의 역할을 맡았지요.

계몽주의 시대가 시작되면서 온도계와 기압계는 가장 널리 사용되는 과학 도구가 되었어요. 또, 르네상스 시대부터 풍경 화가들은 기상 현상을 점점 더 정확하게 관찰했고, 날씨가 자아내는 '분위기'로 사람들의 감정을 표현하는 법을 익혔습니다.

이 책은 티치아노(Tiziano Vacellio), 투르너(Turner), 카스파 다비드 프리드리히(Caspar David Friedrich), 클라우드 모네(Claude Monet), 빈센트 반 고흐(Vincent van Gogh), 데이비드 호크니(David Hockney) 같은 풍경 화가들에 힘입어 세상에 나오게 되었습니다.

1

우쭐대는 태양

태양 없는 지구는 상상도 할 수 없어요. 지구는 태양의 인력으로 공전 궤도를 따라 돌고, 그러면서 태양으로부터 에너지를 공급받지요. 태양 없이는 어떤 식물도 살 수 없어요. 식물 없이 어떤 동물도 살 수 없는 것처럼요. 태양의 빛과 열기가 없다면 우리도 날씨도 없을 거예요.

태양이 없다면 **밤**과 **낮**도 없을 거예요. 지구가 자전축을 중심으로 하루에 한 바퀴씩 돌면서 낮에는 태양을 바라보고, 밤에는 태양을 등지기 때문에 낮과 밤이 생기는 거예요. 낮은 밝고 따뜻하며, 밤은 어둡고 서늘하지요.

자전축은 지구의 공전 궤도면과 수직을 이루지 않고 기울어져 있어요. 그래서 북반구와 남반구는 번갈아 가며 더 많은 태양 빛과 태양열을 받게 되지요. 이 말은 태양을 향해 더 다가가 있는지, 아니면 태양으로부터 비켜나 있는지에 따라 **계절**이 바뀐다는 뜻이에요.

태양열은 우리가 사는 행성을 둘러싸고 있는 **공기층**을 데워 줘요. 서늘하던 공기는 데워져 팽창하고, 수증기를 가득 머금었던 따뜻한 공기는 식어 버려요. 그러면 수증기는 두터운 구름을 이루었다가 비나 눈, 안개처럼 물이 되어 땅으로 내려오지요. 대기 속에서 움직이는 **고기압**과 **저기압**은 이렇게 생겨나요.

고기압이 힘을 얻을 때면, 구름에 가려지지 않아 하늘이 맑아요. 태양 빛과 열을 곧장 받게 되는 거죠. 하지만 변덕스러운 태양은 우리 위도에 오래 머무는 법이 없어요. 공기가 따뜻해질수록 공기는 더 많은 수증기를 품어 구름을 만드는데…

비행기를 타고 구름 위를 날다 보면 구름 위쪽은 하얗게 보여요. 구름을 이루는 작은 **수증기**나 **얼음 결정**이 햇빛을 반사하기 때문이에요. 반대로, 두꺼운 구름층들을 아래쪽에서 봤을 때 어두워 보여요. 이 구름층들은 땅바닥으로부터 아주 적은 빛만 흡수하기 때문이죠.

하지만 작고 성긴 구름들은 사방에서 빛을 흡수해요. 이 구름들은 부드럽고 하얀 솜처럼 보이고 자주 모양을 바꿔요. 이 모양을 두고 사람들은 줄곧 상상의 나래를 펼쳐 왔어요.

사람 때문에 생기는 구름도 있어요. 그 대표적인 것이 비행기구름(항적운)이죠. 비행기구름은 아주 높고 차가운 대기 속, 비행기가 날아간 자취를 따라 길게 꼬리를 그리며 생겨나요. 엔진의 등유가 연소되면서 수증기가 생기고, 수증기는 높은 곳의 얼음장 같은 대기 속에서 곧장 얼어붙어 작은 얼음 결정이 되지요.

구름은 저마다의 모양에 따라 **뭉게구름**(적운)이나 **새털구름**(권운)으로 불려요. 뭉게구름은 둥그스름한 덩어리로 뭉쳐 있고 새털구름은 길게 퍼져 있는데, 실처럼 가느다란 줄들이 가닥가닥 모여 만들어지는 때가 많아요.

북유럽에 사는 이들은 햇빛을 넘치게 볼 수 있는 게 아니어서, 부드러운 비늘구름(권적운)이나 양떼구름(고적운)을 무엇보다 좋아해요. 이 구름들은 비가 되어 내릴 만큼 무겁지 않은 작은 물방울들로 이루어져 있어요. 비늘구름은 아주 가벼워서 하늘 높이 떠다니고, 촘촘한 구름과 달리 땅에 그늘을 드리우지 않아요. 촘촘한 구름들이 지나갈 때면 땅 위에 그늘이 생기는 것을 볼 수 있죠.

비늘구름이 오후가 돼서야 나타나면, 적어도 그날 오후부터 그 다음날까지는 비가 오지 않을 거예요. 비늘구름은 비를 몰고 오는 구름이 아니기 때문이에요. 더 두껍고 큰 구름을 데려 오지도 않지요. 다른 모든 구름들처럼 비늘구름도 꼭 양산 같아요. 햇빛의 일부를 가려서 조금 시원한 기운을 만들어 주지요. 비늘구름이 떠다니면 날씨가 화창하다는 얘기예요.

비늘구름과 달리 새털구름은 아주 높은 곳에서 만들어지는 **얼음구름**이에요. 저 위, 아주 높은 곳의 공기가 너무 축축해서 수증기가 응결되면서 생겨나요.

새털구름의 얼음 결정들은 땅으로 내려오다, 땅에 다다르기 전에 녹아 버려요. 얼음 결정들이 낮은 고도의 따뜻한 공기 속에서 증발하기 때문이에요.

그래서 **깃털구름**이라 불리는 희미한 줄무늬가 생겨나요.

새털구름은 비가 올 것을 미리 알려 주곤 해요. 얼마 지나지 않아 하늘이 잿빛으로

변하고, 지평선 가까이에 뭉게구름이 피어나요.

봄이나 여름에는 비가 많이 와요. 그런데 때때로 눈앞에서 분명 비가 내리고 있는데 해가 나기도 해요. 그러면 햇빛이 빗방울을 통과하면서 **반사**되거나 **굴절**돼요. 빛이 스펙트럼의 색깔들로 나뉜다는 뜻이에요. 즉, 무지개가 생기는 것이지요. 한쪽에서 태양 빛이 강할수록, 또 다른 한쪽에서 빗방울이 굵을수록 무지개는 더 선명해져요. 무지개의 활 모양은 빗방울이 프리즘 역할을 하는 데서 생기는데, 우리가 특정한 각도로 빗방울을 향해 서 있을 때에만 그래요. 우리가 움직이면 무지개도 따라 움직여요. 그래서 무지개가 시작되는 땅바닥에 묻혀 있다는 황금 냄비를 우리는 절대 찾지 못할 거예요.

비가 내린 후엔 공기는 신선하고 맑으며 하늘은 구름 한 점 없이 새파래요. 대기 속에 수증기와 먼지가 적을수록 하늘은 더욱더 푸르지요. 무지개를 보면 알 수 있듯이 햇빛은 모든 색깔을 담고 있어요. 하지만 낮에는 빛의 파란 부분, 그러니까 파장이 짧은 부분만 보여요. 그 까닭은 햇빛의 파란 부분이 **빛의 산란**을 통해 가장 잘 퍼져 나가기 때문이에요. 산란은 직진하던 광선이 대기의 기체 분자를 만나 사방으로 흩어지는 것을 말해요. 산란이 없다면 햇빛은 광선이 일직선으로 비치는 곳에만 가닿게 될 거예요. 그러면 우리가 사는 집 창문으로는 빛이 조금도 들어오지 않을 거고요. 공기층이 없는 달에서는 집에 창문을 달아도 쓸모가 없겠죠. 달의 양지쪽 창문은 번쩍거리고 뜨거운데, 양지 바로 옆의 음지는 칠흑처럼 캄캄하고 얼음처럼 차가워요. 그리고 낮이라도 달에서 본 하늘은 지구의 밤하늘보다 더 어두워요.

햇빛의 파란빛은 자외선을 통해 확인할 수 있어요. 자외선을 직접 볼 수는 없지만, 해가 쨍쨍한 파란 하늘 아래 오래 있다 보면 느낄 수 있지요. 햇볕에 화상을 입으니까요.

햇빛이 수많은 수증기나 먼지를 통과하며 걸러지거나, **동틀 녘**과 **해 질 녘** 공기 속 먼 길을 지나 우리 눈까지 올 때면 하늘색은 달라져요. 이때 낮에 주로 보이던 푸른빛은 걸러지고 스펙트럼의 붉은 부분이 주로 보이게 되지요.

우리는 저녁 하늘을 수놓은 구름의 장밋빛을 사랑해요. 이 장밋빛 때문에

하늘의 푸른빛이 더 짙어 보여요.

하늘에는 여러 가지 **색깔**이 있어요. 낮에는 하늘이 밝지만, 이른 아침이나 늦은 오후에는 색의 대비가 더 또렷하게 나타나요.

수많은 수증기와 작은 먼지들이 대기 속에서 떠다니면, 하늘은 흐릿한 푸른색이나 완전한 잿빛으로 보여요. 구름이 두껍게 끼면 하늘은 아주 어두워질 수 있고, 그러면 우리는 불을 켜야 해요.

아침에 눈을 뜨면 처음엔 세상이 검은빛과 잿빛으로 보일 뿐이에요. 빛이 약하면 아무 색도 분간할 수 없으니까요. 그러다 하늘이 보이고 그 하늘이 분홍빛으로 물들면, 세상은 알록달록해져요. 저녁에는 이 순서가 거꾸로 되풀이돼요. 그렇지만 저녁 무렵의 색깔은 아침의 색깔과 달라요. 아침이 대체로 더 서늘한 데다, 공기도 더 건조하니까요.

저녁 하늘은 우리에게 아주 특별한 기분을 불러일으켜요. 태양은 이미 지평선 너머로 사라졌지만, 빛의 산란 때문에 주위는 한참이나 밝아요. 태양은 더는 보이지 않지만 얼마 동안 남아서 하늘의 구름을 비춰 줘요. 하늘은 바닥 가까운 곳보다 훨씬 더 밝아요. 해 질 녘 하늘은 우리의 눈길을 사로잡고 마음에 깊은 울림을 주지요. 그러면 우리는 우리를 둘러싼 헤아릴 수 없이 많은 것들을 새삼 떠올리고, 마음 깊은 곳까지 지구와 이어져 있다고 느껴요.

저녁노을은 좋은 날씨를 알리는 전령이에요. 당연하죠. 저녁 노을이 아름답게 빛나려면 해가 저무는 서쪽 하늘에 거의 구름이 끼지 않아야 하니

까요. 우리가 사는 곳에서 비구름은 대체로 서쪽에서부터 몰려오거든요.

저녁노을이 천천히 사라지면 희미하게 **땅거미**가 내려요. 이제 많은 것들이 잘 보이지 않아요. 땅거미는 **어스름 녘**의 마지막 무렵에 나타나요.

이제 달이 뜰 테고, **샛별**이 하늘에서 빛나겠지요.

하늘에 구름이 전혀 끼지 않아야 **별이 빛나는 밤**을 맞을 수 있어요. 별과 별자리, 은하수의 빛나는 띠를 가장 잘 보려면 공기가 맑고 건조해야 해요. 또 별빛이 보름달이나 대도시의 네온사인 같은 다른 빛에 가려지지 않아야 하지요.

달빛은 햇빛보다 훨씬 희미해요. 달은 달에 비친 태양 빛을 반사할 뿐이니까요. 그렇지만 보름달은 아주 밝아서 달빛만 보고도 길을 찾을 수 있어요. 달빛을 받으면 세상은 익숙하던 이전 모습과 아주 다르게 느껴져요. 꼭 달빛이 마술이라도 부린 것처럼…….

태양은 맨눈으로 쳐다보기 힘들지만, 달은 아무렇지 않게 바라볼 수 있어요. 공기가 매우 눅눅할 때는 달무리가 지는 것을 관찰할 수 있어요. 달빛은 작은 물방울이나 얼음 결정을 만나 굴절돼요. 이때 달무리를 이루는 원들에서 무지갯빛을 볼 수 있죠. 그런데 안타깝게도 달무리는 머잖아 습도가 높아지고 비가 온다는 걸 알려주곤 해요.

3월의 **이른 봄**은 겨울처럼 아직 추울 때가 많기는 하지만, 태양은 벌써 지난 10월처럼 높이 떠올라 그 빛으로 땅을 데우기 시작했어요. 그렇지만 겨우내 내린 강수량 가운데 아주 조금만 증발했기 때문에, 날씨는 여전히 눅눅하고 투명한 실안개가 땅을 감싸지요. 세상 곳곳에는 생명이 움터 나와요. 나무들은 새싹을 틔우고 풀들은 다시 녹색으로 물들어요. 이른 봄꽃들이 땅에서 피어나고, 이제 생기를 띤 새와 쥐, 다른 작은 동물들이 덤불에서 재잘대지요.

4월의 날씨는 해와 비, 찬 겨울 기운과 따뜻한 봄기운이 뒤섞여 무척이나 변덕스러워요. 비를 내리고 가끔 눈까지 짝지어 몰고 오는 저기압이 땅과 바다 위를 빠르게 이동하고, 따뜻한 공기의 고기압도 퍼져 나가요. 빠르게 변하는 기압 때문에 바람이 불어요. 바람은 언제든지 기압 차를 메우려 하지요. 기압 차가 큰 날에는 바람이 돌풍처럼 자주, 세고 불규칙하게 불어서 가을에 떨어진 나뭇잎들을 다시 소용돌이쳐 높이 날려 버려요.

한여름, 태양이 하늘 높이 떠올라 공기를 데운 지 오래예요. 풀이 곡식 낟알처럼 노랗게 변했다면 지표면의 습기가 거의 다 **증발**해서 공기가 물을 많이 머금고 있다는 뜻이에요. 공기는 이제 봄처럼 맑지 않고, 조금 답답하게 느껴지곤 해요. 사람들은 호수나 강으로 수영하러 가요. 들판에서 곡식을 수확할 때가 왔어요.

들판과 목초지로 내리쬐는 열기를 견딜 수 없게 되면, 많은 사람은 열기를 피해 숲으로 떠나요. **숲**은 확실히 더 서늘하니까요. 숲은 자신만의 **미세기후**(지면에 접한 대기층의 기후)를 갖고 있어요. 활엽수와 침엽수 지붕이 햇빛을 차단해 바닥이 마르는 것을 막아 주기 때문이에요. 숲 바닥은 물기를 충분히 머금고 있어서 한여름에도 샘이 솟고 계곡물이 흘러요. 나무들이 물을 증발시켜 주변은 쾌적한 온도를 유지해요. 물이 증발하면 공기가 서늘해지니까요.

여전히 해는 비치는데, 날씨는 **찌는 듯해요**. 하늘은 더는 파랗지 않고, 점점 더 옅은 회색으로 물들다가 이내 더 어둡게 변하지요. 그 어떤 공기도 활기를 띠지 못해요. 꼭 숨을 참고 있는 것처럼 자연은 그 갑갑함을 털어 내길 기다려요. 거친 날씨를 예고하는 독특한 고요랍니다.

한여름 비바람이 짧게 몰아치는 동안 여기 위쪽 고지대에서는 빗방울만 조금 떨어질 뿐이에요. 그런데 골짜기에는 아직도 두꺼운 구름이 걸려 있고, 구름 위쪽으로 짙은 안개를 볼 수 있어요. 저 아래에는 비가 어느 정도 더 내릴 거예요.

산지에서 고지대 날씨는 골짜기 날씨와 완전히 달라요. 그건 높은 곳이 낮은 곳보다 서늘한 탓도 있지만, 낮게 걸린 구름이 그 높이까지 도달하지 못하기 때문이기도 해요. 게다가 골짜기에서는 구름이 제대로 자리를 잡지만, 높은 곳에서 바람이 쉽게 구름을 흩어 놓아요.

2

비는
축복을 불러와요

햇빛도 중요하지만, **물**이 없으면 그 어떤 생명도 있을 수 없어요. 땅에 비가 내리지 않으면 아무것도 자라지 않아요. 농부들은 이미 오래전부터 '비가 축복을 불러온다'는 것을 알고 있었어요.

태양의 열기로 인해 땅과 특히 바다에서 물이 증발하면, 비가 내려요. 액체 상태의 물이 기체 상태의 수증기로 변한다는 뜻이에요. 수증기는 공기 중으로 올라가요. 올라간 수증기는 공기 덩어리에 섞여 땅 위로 멀리멀리 옮겨져요. 공기가 이미 너무 축축하거나 너무 식어서 더 이상의 수증기를 머금을 수 없으면, 증기는 응결돼요. 응결이란, 수증기가 다시 액체 상태의 물이 된다는 뜻이에요. 이 과정에서 아주 작은 물방울들이 생겨나 떠다니게 돼요. 이 작은 물방울들이 모여 구름을 이루지요. 이들이 어느 정도 두껍게 모이면, 구름은 물방울로 녹아내려요. 이 물방울들은 습도와 온도에 따라 큰 빗방울이나 작은 빗방울이 되어 땅으로 떨어져요.

장대비나 **소낙비**는 대체로 몇 분밖에 계속되지 않고, 좁은 지역에 **집중**되어 내려요. 십오 분 안에 1제곱미터 당 2.5밀리미터 넘는 물이 쏟아질 수 있대요!

세차게 내리는 비는 두껍고 어두운 구름에서 내려요. 그래서 이런 비가 내릴 때면 낮인데도 어두워서, 꼭 어스름 녘 같아요.

따뜻한 수증기로 꽉 찬 공기가 더 차가운 공기층으로 재빠르게 올라갔을 때처럼, 대기가 갑자기 식어 버린 수증기를 많이 머금고 있으면 소나기가 내려요. 그래서 소나기는 특히 여름에 자주 끝도 없이 내리지요.

안개비나 **가랑비**는 아주 작은 물방울로 되어 있어 이슬비처럼 가늘게 내리지만, 대신 온종일 계속 내리기도 해요. 이런 비는, 덜 두꺼운 안개구름(층운)에서 내려요. 그러려면 날씨가 아주 서늘해야 해요. 그렇지 않으면 고운 안개 방울이 증발해 버리니까요. 그래서 가랑비는 가을이나 겨울에 산지에서 흔히 내리지요.

사람들 대부분은 안개비를 좋아하지 않아요. 옷 속으로 스며들어 온몸에 냉기를 퍼뜨리거든요. 게다가 안개비는 여름비처럼 쓸모 있는 것도 아니에요. 자동차를 운전하는 사람은 더욱 안개비를 좋아하지 않지요. 안개비가 올 때면 시야가 좁아지고, 밤이면 젖은 도로 위에 그려진 표시를 거의 알아볼 수 없으니까요.

한여름에 소나기가 내리는 것처럼, 큰 물방울들이 공중에서 갑자기 찬 기운을 만나 얼음덩어리가 되어 떨어지는 일이 있어요. 이런 일은 쉽게 일어날 수 있어요. 이 얼음덩어리들이 뭉쳐져 싸락눈이나 **우박**이 되지요. 굵은 우박은 여러 얼음층으로 이뤄져 있어요. 눈과 얼어붙은 비가 뭉쳐진 **싸락눈**들이 높은 곳을 떠다니다가 그곳에서 얼음을 겹겹이 덧입는 거예요. 그래서 달걀만 한 우박이 만들어질 수 있고, 이런 우박은 심각한 피해를 주지요. 특히 곡식을 추수할 무렵, 갑자기 퍼붓는 우박은 다 자란 곡식을 망가뜨려요. 그나마 다행인 것은 갑자기 퍼붓는 우박은 집중호우와 마찬가지로 대개 좁은 면적에 제한적으로 내린다는 거예요.

도무지 그칠 기미 없이 계속해서 비가 내릴 때가 있어요. 세상은 온통 젖어 있고, 잿빛으로 **흐린 날**은 기분까지 우울하게 만들어요. 낮이 짧아지는 가을과 겨울엔 특히 더 그래요. 어떤 지역들은 비 오는 날씨로 악명이 높은데, 특히 독일 중부에 있는 **산악지대**가 그래요. 이 지역은 지세가 높아서 구름이 이곳을 넘어 가지 못해요. 그래서 대서양 서쪽과 북서쪽에서 오는 구름이 이 산악지대에 부딪혀 상승하면서 더 차가운 공기층에 도달하고, 이때 구름이 머금고 있던 수증기는 비가 되지요. 그러면서 계속해서 비가 내리는 거예요.

비에 '질린' 지역 사람들이 다른 지역 사람들보다 실제로 약간 더 불행하다고 느낀다는 연구 보고도 있답니다.

아침에 **실안개**가 끼면 흐릿한 하늘에 집들도 윤곽만 보여요. 구름이 바뀐 모습이 **안개**라면, 실안개는 안개가 조금 바뀐 모습이에요. 실안개는 아주 고운데, 우리가 문 앞으로 다가설 때 땅으로 내려와 우리를 감싸는 구름 같아요. 아침 실안개는 밤과 아침의 냉기 때문에 공기 속 수증기가 응결되면서 생기는데, 맑은 날에 생기곤 하지요. 태양이 뜨고 태양 광선의 온기가 퍼지면 실안개는 사라져요. 그리고 실안개의 작은 물방울들은 다시 수증기가 되지요.

가을에 날씨가 습하고 더 차가워지면, **아침 실안개**는 짙은 안개가 되고, 어떤 날은 종일 이 안개가 걷히지 않아요.

안개는 골짜기와 물 위에 특히 잘 머물러요. 안개 뒤로 태양이 느껴지지요.

시간이 지나면서 안개가 걷힐지도 몰라요.

비 오는 날에는 잊을 수 없는 분위기가 있어요. **억수 같은 비**가 쏟아지지만, 달은 조각구름 사이로 떠오르고 달빛은 출렁이는 물결에 반짝여요. 이런 풍경을 보고 있으면 몸이 젖는 것도 아랑곳하지 않고 비를 맞게 되지요.

비가 걷히고, 빛나는 **보름달**이 투명한 공기를 가르고 구름과 바다와 땅을 비추면, 자연의 위대함이 경이롭게 다가와요. 낮의 햇빛과 딜빛에 가려 거의 보이지 않던 별들도 떠올라요.

소나기가 그친 오후 **저녁 공기**는 너무나 맑고 깨끗해요.

도시에서도 마찬가지죠.

그렇지만 이내 구름이 모여들어요. 구름 낀 날은 맑은 날보다 밤이 서둘러 찾아오죠. 먹구름이 우리 머리 바로 위에 떠 있지만, 지평선은 아직도 회색이에요. 비가 계속 내릴지도 몰라요. 날씨가 서늘하고 불쾌해져요. 모든 창문이 닫혀요.

크리스마스가 다가올 무렵, 기온이 어는점 가까이 떨어지면, 눈과 비가 뒤섞여 종종 **진눈깨비**가 내려요. 가끔 질척질척한 눈이 되기도 하는데, 그러면 바닥이 미끄러워요.

어둠 속 도로 표면은 빛이 반사되고, 바닥은 알아보기가 힘들어져요. 이때 자전거를 타거나 자동차를 운전하면 무척 불편해요.

게다가 가을비는 종종 세찬 폭풍까지 몰고 와요. 바람은 나무의 마지막 이파리까지 다 날려 버려요. 회오리바람을 동반한 **폭풍**은 심지어 나무를 넘어뜨리기도 하지요. 그렇지만 자연은 이미 폭풍을 맞을 준비가 되어 있어요. 나무는 아주 유연하고, 특히 잔가지나 가지가 갈라지는 곳처럼 약한 부분들은 매우 탄력이 있어요. 나무들은 바람의 저항을 되도록 적게 받으려고 바람 부는 대로 흔들려요.

알록달록한 잎들과 노랗게 시든 풀줄기, 지금은 가을이에요. 비가 오는데도 꽤 밝은 것으로 보아 낮 무렵이 틀림없어요.

안개 뒤로 태양이 느껴지지요. 바람이 몹시 불고 있어요. 빗방울이 바람에 꺾여 비스듬하게 땅으로 떨어지고 있잖아요. 세찬 **폭풍**은 심지어 비를 수평에 가깝게 채찍질 할 수도 있어요. 그래서 이런 비바람을 맞으면 아프다고 느끼기도 한답니다.

숲속 빈터에 **몹시 좋지 못한 날씨**가 찾아왔어요. 이 공터는 아마 여러 해 전에 폭풍이 할퀴고 가면서 생겼을 거예요. 그런데도 이런 날씨를 좋아하는 사람들이 있어요. 젖은 목초지와 나무들이 바람에 흔들리며 내는 소리를 들으며, 숲 속을 혼자서만 산책할 수 있기 때문이지요.

가을과 겨울 **목초지**의 **초록**은 봄과 여름 목초지의 초록보다 훨씬 창백해요. 목초지 풀을 밀거나 베지 않으면, 노란 풀줄기가 녹색을 거의 다 숨겨 버리죠. 풀들은 겨울에도 계속 자라지만 따뜻한 계절보다는 훨씬 천천히 자라요. 풀들은 여름과 달리 이제는 거의 마르지도 않지요.

싱그러운 미풍이 불어와 구름이 빠르게 흘러가면, 새들은 즐겁게

바람을 타고 비행 솜씨를 뽐내요.

날씨가 따뜻하면, 수증기를 잔뜩 머금은 공기가 아주 조금 올라갔다가 식어요. 그래서 두꺼운 비구름이 생겨나지요. 이 구름에서 **따뜻한 여름비**가 내리는데, 대부분 거센 소나기예요. **지구 온난화**가 심해지면서 이런 소나기가 더 많이 내릴 거고, 그 때문에 여름 홍수도 더 자주 나게 될 거예요.

여름에는 사람들이 해안에서 더위를 식히려 하지만, 겨울에는 해안이 내륙보다 더

따뜻해요. 그래서 겨울 **해안 산책**은 아주 특별한 경험이 되지요.

3

얼음과 눈

눈은 **얼음 결정**들로 이뤄져 있어요. 이 얼음 결정들은 대체로 아주 낮은 온도일 때 작은 먼지알갱이 같은 **결정핵**을 둘러싸고 만들어져요. 눈 결정들은 땅으로 내려오며 그 크기가 커지는데, 그것은 눈 결정 가장자리에 닿은 수증기가 물이 되어 곧장 얼어버리기 때문이에요. 그러면서 놀랍도록 완벽한 대칭을 이루는 결정 구조가 만들어져요. 그 휘황찬란함은 현미경으로 보아야 완전히 드러나요. 서로 똑같이 생긴 결정은 하나도 없어요.

바닥 가까운 곳의 따뜻한 공기 속에서 눈 결정 하나하나는 작은 물방울을 통해 서로서로 맞붙어 버려요. 그러면 꼭 솜뭉치처럼 보이는 큼직한 **눈송이**가 생겨나요. 함박눈이 내리는 거예요. 함박눈은 포근한 날씨에 잘 내려요.

바닥 온도가 어는점보다 낮을 때 눈은 녹지 않고 그대로 남아서 땅을 덮어요. **새로 쌓인 눈**으로 만들어진 성긴 덮개가 돼서 말이에요.

눈송이는 거의 모든 빛을 반사해요. 그래서 눈은 **하양**지요.

갓 내린 눈이 바닥을 뒤덮으면 세상은 온통 흰빛으로 환해져요.

공기가 더 축축해지고 구름이 모여들면 이따금 **눈 냄새**가 물씬 풍겨오기도

하지요. 그러면 곧 첫 눈송이가 하늘에서 내려와요.

기온이 영도 아래로 떨어지면 대부분 눈이 내려요. 공기가 차가울수록 수증기를 조금밖에 머금지 못하니까요.(그래서 북극과 남극은 정말 눈이 적게 오지요.) 그러니까 눈이 내리면 금방 녹는 거예요. 이런 날씨에는 **질척질척한 눈** 때문에 신발이 젖곤 하지요.

첫눈이 오기 전, 늦가을 밤에는 **서리**가 내리곤 해요. 바닥 가까운 곳의 공기가 차갑게 식기 때문이에요. 다른 계절이라면 이 공기 속 수증기가 아주 작은 물방울인 **이슬**로 맺히겠지만, 기온이 내려가면서 이 이슬방울들이 얼어 버리는 거예요. 그래서 풀줄기나 지붕, 논밭 표면의 흙처럼 온도가 가장 빨리 낮아지는 곳에서는 이슬방울들이 눈 결정과 비슷한 모습의 얼음 결정으로 변해요. 습도가 높고 밤이 무척 추우면, 아침에 **된서리**가 땅을 뒤덮고 있는 걸 볼 수 있어요. 꼭 꽁꽁 언 눈이불 같지요.

겨울에는 **하얀** 눈으로 인해 하얀 세상이 되곤 해요. 이 세상에서 알아볼 수

있는 건 거의 없어요.

겨울에는 고여 있는 물들이 자주 **얼어붙어요**. 얼음장 위에 눈이 쌓였다고

곧장 그 위에서 썰매를 탈 수 있는 건 아니에요.

눈 내린 풍경이 끝도 없이 펼쳐져요. 눈은 평평하지 않은 바닥을 모두 뒤덮고 희미한 빛을 내뿜어 지형의 차이를 거의 느낄 수 없게 하니까요. 이제 얼음처럼 차가운 바람이, 얼지 않고 보송보송한 채 바닥에 쌓여 있던 눈을 몰고 올지도 몰라요. 그러면 모든 흔적이 지워지고 우리의 나그네는 쉽게 길을 잃을지도…….

눈 덮인 바닥 위로 하늘이 열리고 파란 하늘에서 밝은 빛이 땅으로 쏟아지면, 눈은 빛을 내며 반짝이기 시작해요. 그러면 세상은 눈 내리지 않은 날보다 훨씬 더 밝아요. 눈이 내리지 않았을 때는 어두운 바닥이나 녹색 풀이 빛 대부분을 빨아들이는 데 비해, 눈은 거의 모든 **빛을 반사하기** 때문이지요.

꽁꽁 얼어붙은 호수가 아름다워요. 이런 날은 **스케이트 타기에 좋답니다.**

얕은 호수와 연못은 추운 겨울마다 얼어붙어요. 처음에는 물 위를 떠다니는 얇은 **얼음층**이 만들어져요. 얼음은 물보다 더 가벼워요. 얼음은 얼기 전의 물보다 자리를 더 많이 차지하기 때문이지요. 시간이 지날수록 얼음은 두꺼워지면서 부피도 늘어나요. 얼음이 얼기 시작하고 며칠이 지나면 안전하게 얼음 위로 들어설 수 있어요.

눈으로 덮여 있지 않은 얼음은, 하늘이 반사되어 투명하거나 푸르게 빛이 나요. 공기 방울이 모여 있는 자리만 하얀 빛이 돌지요.

풀밭은 진작 눈으로 뒤덮여 환하지만, 숲은 여전히 어두워요. 우듬지가 눈을 잡아두기 때문이에요. 상록수인 침엽수로 이뤄진 숲은 더욱 더 그렇지요. 겨울 숲은 어둡지만, 하늘과 숲 가장자리에서 아롱대는 하얀 눈빛이 숲 속으로 스며들어요.

눈 결정들로 에워싸인 공기는 모든 소리를 누그러뜨려요. 공기는 새롭게 눈으로 덮인 공간에서 눈보다 훨씬 더 넓은 부분을 차지하지요. 꼭 두꺼운 이불을 둘러 놓은 것 같아요. 그래서 눈 덮인 겨울풍경은 너무나 고요하고 평화로워요. 이 말은 **눈**이 아래 바닥도 **따뜻하게** 한다는 뜻이에요. 딱 맞는 말은 아니지만, 눈은 바닥이 빠르게 차가워지는 것을 막아 줘요. 공기가 잘 통하는 눈이 층을 이루어 바닥의 열을 뺏기지 않게 막아 주니까요.

겨울에 태양은 지평선 위로 높이 떠오르는 법이 없어요. 그러다 보니 햇빛이 골짜기와 평지에 내린 **축축하고 차가운** 안개 사이로 파고드는 일은 정말 드물지요. 그래서 **기온 역전층**(차가운 공기가 따뜻한 공기보다 더 무거워서, 찬 공기 위에 더운 공기가 겹쳐 있는 경계면)이 한참 동안 유지될 수 있어요. 새로 부는 바람이 공기층을 다시 뒤섞어 놓을 때까지요.

2월이 되어 낮이 점점 길어지지만, 날씨는 1월보다 더 차가울 때도 가끔 있어요. 하지만 빛은 더 밝게 빛나지요. 곧 골짜기 사이로 햇빛이 환하게 비쳐서 낮 동안 만이라도 여기저기 드리운 **실안개 장막**을 거둬 줄 거예요.

산지의 숲에서도 한낮까지 안개가 끼어 있는 일이 잦아요. 이건 **스키 타는 사람들**이 조심해야 한다는 뜻이지요. 하늘과 눈이 한데 뒤섞여 세상이 흐릿해 보이니까요. 그래서 스키 타는 사람들 가운데는 노란색 스키 안경을 낀 사람이 많아요. 이 안경을 끼면 고르지 못한 지형을 잘 알아볼 수 있거든요.

고지대 위 늦겨울 태양은 새파란 하늘에 떠서 더 환하게 빛나요. 저 높은 곳에는 아래 골짜기보다 나무들이 듬성듬성 서 있지요. 눈은 다이아몬드 수천 개를 뿌려 놓은 것처럼 반짝여요. 눈이 햇빛을 반사하기 때문이지요. 그 빛이 너무 밝아서 눈이 시릴 정도예요. 이곳에서 걸어서 여행하거나 스키를 타려는 사람은 선글라스를 준비해야 해요.

아직 낮이 짧아서, 빛나는 겨울 태양은 금세 지고 말아요. 그런데 날씨가 나빠지고 갑작스럽게 변할지도 몰라요. 곧 다시 눈이 내릴까요? 이미 눈이 아주 높게 쌓여서 발걸음을 옮기기가 힘들 정도예요. 나무만 빼면, 오로지 사람과 동물이 눈 위에 찍어 놓은 흔적들만 하늘과 눈을 구분해 줘요. 겨울 숲은 너무나 고요해요. 그런데 혹시 폭풍우가 몰려오면 이 고요는……

4

악천후

악천후는 거대한 혼란을 일으키는 모든 날씨를 가리켜요. 옛 그리스인들이 **카오스라고 부른 것**이나 성경에서 토후·보후라고 일컫는, 어둠에 휩싸인 창조 이전의 무질서와 마찬가지죠. 세상 모든 것이 거대한 폭풍우에 뒤섞여 소용돌이치면, 우리는 위아래도 밤낮도 전혀 분간할 수 없어요.

천둥 번개를 몰고 오는 폭풍우 속에서 뜨겁고 차가운 대기가 맞부딪혀요. 기온과 기압의 차이가 나는 곳에서 대기는 뒤섞여 균형을 이루려고 해요. 그것도 가능한 한 빠르게요. 대기의 충전과 방전도 같은 원리로 이뤄져요. 충전된 대기는 **번개**를 쳐서 스스로 방전시켜요. 이글거리는 번개 주변 공기는 눈 깜짝할 새에 데워져 팽창하고, 이 팽창된 공기는 곧이어 우지끈 소리를 내며 다시 깨져 버려요. 이것이 **천둥**이에요. 또, 따뜻한 대기는 찬 공기를 만나면 비가 되는 많은 수증기를 머금을 수 있어서, 천둥 번개가 치는 폭풍우는 **홍수를 일으키는 거센 비**를 동반하곤 하지요. 폭풍과 번개와 비는 나무들을 쪼개 버리고, 지붕을 날려 버리고, 숲을 불태우기도 하고, 홍수를 일으킬 수 있어요. 사람과 동물은 악천후를 두려워해요. 이들은 자신들의 집과 동굴로 숨어들어요. 악천후가 계속되는 동안 사람들은 자연에 대해 경외감을 품고, 위험천만한 낯선 힘을 드러내는 자연을 두려워하지요. 악천후는 세계 멸망을 미리 겪는 것 같은 느낌을 주기도 해요.

그렇지만 이런 무질서를 겪은 다음, 세상은 다시 새롭게 태어나요. 오직 태양만이 온 세상 가득 퍼지죠.

먼저 **번개**가 번쩍이고, 멀리서 **천둥** 치는 소리가 들려요. 그 순간 번개가

사방을 온통 환하게 만들어요. 그리고 곧바로 하늘은 수문을 열어요.

천둥 번개는 이제 온 힘을 다해 터져 나와요. 바람이 잠잠하던 짧은 순간이 지나고 눈 깜짝할 사이에 **돌풍**이 몰아쳐요. 비는 폭풍에 내몰려 땅을 채찍질하고, 우박까지 쏟아 낼지도 몰라요. 여러 공기층이 충전되면서 생겨나는 엄청난 전압은 거대한 힘을 지닌 **번개**를 통해 방전돼요. 이러한 힘은 나무를 쪼개고, 건물을 무너뜨리고, 무엇보다 불을 낼 수 있어요. 인간과 동물은 숨을 곳을 찾지요. 단, 나무 아래를 은신처로 삼으면 안 돼요. 번개는 땅 위로 솟아 있는 것에 먼저 내리치기 때문이에요. 그래서 피뢰침을 건물의 가장 높은 곳에 세우게 되는데, 피뢰침은 대기의 고압 전류가 사람에게 닿지 않고 땅으로 곧장 흘러가도록 해요.

천둥 번개가 치고 나면 구름이 물러가고, 공기는 전에 없이 신선해요.

그래서 사람들은 **천둥 번개**가 세상을 씻어 내린다고 하지요.

천둥 번개가 지나간 밤은 대체로 맑고 투명해요. 별들은 이전과 비교할 수 없을 만큼 또렷이 빛나고 식물들은 악천후의 충격에서 벗어나 생기를 되찾아요. 날씨는 눈에 띄게 서늘해졌고, 사람들은 물론 동물들도 다시 맑은 공기를 들이마실 수 있어요. 방금까지 가득 찼던 후텁지근한 기운이 찬 대기에 밀려났기 때문이에요. 게다가 천둥 번개가 치는 동안 내린 빗물이 천천히 증발하면서 대기를 식혀요.

천둥 번개는 갑작스러운 **날씨 변화**를 알려 주곤 해요. 그래서 중부 유럽은 한여름에, 고온 건조한 시기가 끝나면 며칠 내내 거세게 비가 내려요. 흙은 넘쳐나는 물을 더는 감당하지 못하고, 강과 시내는 갑작스럽게 물이 불어나요. 시냇물은 흘러가는 길목에 있는 것을 모두 쓸어 담고 거칠게 흐르는 강이 되지요. 나무, 다리, 자동차 그리고 집들까지 모두 쓸어 담아요. 강들 또한 거칠게 흐르는 더 큰 강이 되어 저지대의 엄청난 면적을 잠기게 하지요.

유럽에서 이런 날씨는 더 잦아졌어요. 대서양에서 출발해 중부 산악 지대를 향해 이동하는 대기는 이 산악 지대에 부딪혀 비를 쏟아내는데, 이전보다 더 많은 수증기를 머금고 있어요. 아마 지구 온난화 때문일 거예요.

거센 비가 쉬지 않고 오래 쏟아져서 **강물이 흘러넘치면**, 특히 둑이 무너질 정도로 흘러넘치면 홍수가 나요. 그러면 지평선까지 가득 찬 물 위로 댐, 나무, 집들만 겨우 보이지요. 사람들은 배를 타고 풀밭에 있는 가축을 구해야 하고, 이따금씩 헬리콥터까지 동원해 지붕 위로 내피한 이들을 구해야 해요.

넘치는 강물을 둑으로 막지 못한다 해도, 사람이 살지 않는 지역이 충분히 넓으면 홍수의 피해는 줄어들지요.

바다에 폭풍우가 몰아치기 전, 파도는 더 높게 일렁이기 시작해요. 멀지 않은 곳에서 악천후가 벌써 꿈틀대고 있으니까요.

요트 타는 사람들은 이제 요트를 뭍으로 끌어올려야 해요.

구름이 하늘을 집어삼키고, 바람이 배를 휘갈기고, 파도는 높게 치솟아요.

이럴 때면 한바탕 무슨 일이 일어날 것 같은데…….

사방이 다 깜깜해졌어요. **폭풍우 치는 바다**. 바람이 **폭풍**이 되었어요. 날씨가 아주 나빠지면 바람은 폭풍이 되지요. 폭풍은 아주 파괴적이에요. 폭풍이 몰아치면 배들은 조난당하고, 나무들은 뿌리가 뽑히고, 지붕들은 날아가 버려요.

바람의 세기가 보퍼트 풍력계(바람의 세기에 따라 0에서 12까지의 13등급으로 나눈 바람의 등급. 1805년에 영국의 제독 보퍼트가 고안하였고, 원래는 해상용으로 개발되었으나 오늘날에는 기상 통보용으로도 널리 쓰인다.-옮긴이)에 따라 9나 10으로 기록되면 폭풍이라 불러요. **오르칸**(유럽에 부는 허리케인과 같은 대폭풍-옮긴이)이 불면 바람의 세기는 보퍼트 척도 끝점인 12를 기록하지요.

대폭풍 정도의 세기로 부는 또 다른 바람으로 열대 돌풍과 아열대 돌풍이 있어요. 이 돌풍을 아메리카 동부 해안에서는 **허리케인**이라 부르고, 아시아 태평양 연안에서는 **태풍**이라고 불러요.

폭풍우가 바다를 **휩쓸고 지나간 뒤에** 다시 구름이 걷히고, 파도 높이가 빠르게 낮아져요. 모든 것이 고요하고 평화로워서 꼭 아무 일도 없었던 것 같아요. 바닷사람들은 조마조마했던 시간을 뒤로하고 편안한 마음이 되지요. 폭풍이 남긴 피해를 복구하기 전에 기쁜 마음으로 바다를 바라봐요. 방금까지 자신들이 삶의 위기에 처해 있었다는 사실을 어느새 잊고 말이에요.

땅에서처럼 바다에서도 **갑작스러운 추위**와 **눈보라**가 몰려올 수 있어요. 그렇게 되면 배들은 완전히 얼어붙어 꼼짝없이 얼음덩어리가 돼 버리지요.

뭍에서는 바람이 몰고 온 눈 더미로 교통이 마비돼요.

가장 춥고 눈도 내리지 않는 겨울의 건조한 시기가 지나면 바닥이 완전히 차가워져요. 그때 온난전선이 비를 몰고 오면, 거리와 지붕은 눈 깜짝할 새 얼음으로 뒤덮여요. 이렇게 생긴 **우빙**(비얼음)은 특히 더 위험해요. 우빙으로 뒤덮인 거리는 차들도 미끄러져 뱅그르르 돌고, 사람들도 미끄러져 넘어지곤 해요. 이때 나이 많은 노인들은 뼈가 부러지거나 금이 가 병원에 실려 가기도 해요. 이런 날씨엔 아이들만 신나지요. 아이들은 마음대로 얼음을 지칠 수 있어요. 단, 이 우빙은 별로 오래가지 않아요. 바닥이 데워지면서 대부분 곧 녹아내리기 때문이지요.

사납게 폭풍우가 몰아치는 동안 깔때기 모양의 **회오리바람, 토네이도**가 생겨나요. 토네이도는 청소기처럼 긴 주둥이로 땅에 단단히 붙어 있지 않은 것

을 빨아들여 높이 소용돌이쳐 올라가요.

거센 바람이 건물들 사이에서 불면, 바람이 회전 운동을 하면서 나뭇잎이나 종이, 비닐봉지 따위를 소용돌이쳐 올려 보내는 것을 볼 수 있어요. 이러한 것들은 회오리바람이 잦아들 때까지 원을 그리며 날아오르지요. 악천후에는 이런 일이 여러 곳에서 일어나는 것을 볼 수 있어요. 따뜻한 공기는 땅으로부터 먹구름 가장자리 아래쪽으로 빠르게 올라가고, 옆에서 불어오는 바람의 영향을 받아 회전하기 시작해요. 그러면 어느새인가 이러한 회전은 저절로 빨라지는데, 회전하는 공기 덩어리가 회전축 주위로 더 바짝 붙게 되기 때문이에요. 꼭 **피루엣**(발레에서 한 발을 축으로 팽이처럼 도는 춤 동작)을 하는 피겨 스케이팅 선수 같지요. 두 팔을 펴고 바닥을 딛지 않은 다리를 몸에 바짝 붙이고 돌다 보면, 선수는 점점 더 빨리 돌게 돼요. 바람이 한가운데서 움직이지 않는 바람의 **눈**을 축으로 그 주변을 빨리 돌면 돌수록, 깔때기 모양의 회오리가 선명하게 드러나지요. 회오리의 겉을 이루는 풍속은 엄청난데, 이 풍속이야말로 회오리바람 혹은 **토네이도**를 위험하게 만드는 요소예요.

토네이도는 중부 유럽에서 나타나는 일이 드물고, 나타나더라도 대부분 큰 손해를 입히지 않아요. 그렇지만 미국 중서부에서는 무시무시한 영향을 미쳐요. 토네이도는 튼튼하게 지은 집들의 하부 구조까지도 손쉽게 날려 보낼 수 있어요. 토네이도는 유명한 어린이 책 『오즈의 마법사』에서 어린 도로시와 부모님 집을 통째로 요술 나라 오즈까지 옮겨 놓았지요.

건조한 여름, **가뭄**이 들면 **산불 위험**이 커져요. 침엽수를 심어 놓은 곳은 특히 더 위험해요. 침엽수들은 활엽수들보다 더 빨리 마르니까요.

숲에 무심코 던져 버린 담배꽁초의 불씨가 바닥에 떨어진 마른 잎에 옮겨붙을지도 몰라요. 이 순간 바람이 한쪽에서만 불어와 불이 바닥을 휩쓸고, 바닥에 붙은 불을 끄지 못하면 불은 날아다니는 불꽃을 통해 나무 꼭대기까지 솟구쳐요. 그러면 산불은 **걷잡을 수 없는 불길**이 되어 잡기가 더욱 어려워지죠. 해가 갈수록, 특히 지중해성 기후 지역의 나라들에서 거대한 면적의 숲이 불길에 사라지고 있어요.

산불은 대개 사람들 때문에 일어나요. 실수로 불이 나기도 하고, 불법으로 숲의 용도를 바꿔 돈을 벌려고 불을 지르기도 하지요. 물론 자연적으로 산불이 일어나기도 하는데, 이런 산불은 **숲 생태계**의 일부예요.

사막에서 **모래폭풍**이 거세게 부는 건 드문 일이 아니에요. 모래폭풍은 비를 동반하지 않는데, 메마르고 뜨거워요. 엄청난 양의 모래가 날아오르고 고운 먼지가 굉장한 높이까지 불어 올라요. 이탈리아나 프랑스 지중해 연안에 세워 둔 자동차들은 날이면 날마다 빨갛거나 노란 먼지층을 두껍게 뒤집어쓰고 있지요. 바람은 수백만 톤의 먼지를 사하라 사막에서 지중해 너머로 실어 보내는데, 그런 때면 하늘이 어두워져요. 북부 유럽 해변의 언덕들을 보면 바람이 얼마나 많은 모래를 이곳으로 옮겨 놓는지 알 수 있어요. 해마다 모래 언덕은 수 미터씩 이동하는데, 이로 인해 독일 북해의 모래 언덕들이 계속 옮겨지고 있어요.

이처럼 바람은 날씨뿐 아니라 지형까지 바꾸어 놓아요.

색 인

ㄱ
가랑비
가뭄
강수량
강우
결정 구조, 결정핵
계절
고기압
공기층
기압
기압계
기온역전층
깃털 구름
깔때기 모양의 회오리바람

ㄴ
눈 결정
눈보라
눈송이
눈이 녹는 날씨

ㄷ
대 폭풍
돌풍
동틀녘
된서리
땅거미

ㅁ
모래폭풍
무지개
뭉게구름(적운)

미세기후
미풍

ㅂ
바람의 세기
비행기구름
빛의 굴절
빛의 반사
빛의 산란

ㅅ
산불
새털구름(권운)
서리
소낙비, 소나기
수증기
숲
실안개
싸락눈

ㅇ
악천후
안개
안개구름(층운)
안개비
양떼구름(고적운)
어는점
어스름 녘
얼음 결정
온난전선
온도
온도계

우빙(비얼음)
은하수
응결
이슬
일기예보
일몰

ㅈ
자외선
저기압
저녁노을
증발
지구온난화

ㅊ
충전

ㅌ
태풍
토네이도

ㅍ
파고
폭풍
프리즘
피루엣 효과

ㅎ
해 질 녘
허리케인
홍수
회오리를 동반한 폭풍